L'INSTRUCTION PUBLIQUE

A SAINT-FLOUR

DE 1249 A 1881

PAR E. GAILLARD

SAINT-FLOUR

IMPRIMERIE D'ALFRED PASSENAUD

Rue de la Halle aux Blés

1881

L'INSTRUCTION PUBLIQUE

A SAINT-FLOUR

DE 1249 A 1881

L'INSTRUCTION PUBLIQUE

A SAINT-FLOUR

DE 1249 A 1881

PAR E. GAILLARD

SAINT-FLOUR

IMPRIMERIE D'ALFRED PASSENAUD

Rue de la Halle aux Blés

1881

AVANT-PROPOS

Cette étude se divise en deux parties.

La première va de 1249 à l'an XI. Elle nous montre d'abord l'instruction publique locale s'appliquant à tous les citoyens indistinctement. Consuls et jurés, régents des écoles communales et directeurs des écoles congréganistes, rivalisent de zèle, font souvent communauté d'efforts pour la prospérité des cours du jour et des cours du soir.

A l'esprit d'égalité et de solidarité succède, à la longue, l'esprit de privilège et de parti. L'instruction primaire est abandonnée à l'initiative privée. A mesure que l'instruction secondaire, dirigée par les jésuites dès 1642, devient plus florissante, l'instruction primaire baisse. A défaut de contrôle efficace, la situation économique et financière de St-Flour baisse aussi.

Pendant la Révolution l'instruction primaire prend sa revanche. Après avoir chassé l'instruction secondaire de l'école, elle dicte en maitresse absolue. Ses dictées déplaisent aux familles. Parents et enfants fuient, ceux-ci l'école, ceux-là le temple de la Raison. Les réorganisations, à force de se multiplier, finissent par l'incohérence et le désarroi.

S'ouvre l'Ecole Centrale. Plus équitable, elle accueille dans sa maison instruction secondaire et instruction primaire en même temps. Les deux sœurs ne s'entendent pas. L'aînée reste à la maison, la cadette s'établit ailleurs : c'est la réorganisation de l'an XI.

La deuxième partie conduit de l'an XI à 1881. Elle est propre à notre siècle.

Autant, avant la révolution, l'instruction publique a fait avec lenteur l'ascension du nouveau Sinaï, laissant presque dans l'obscurité le fond de la vallée ; autant, une fois l'ascension faite, elle précipite bientôt sa marche descendante, sans cesser d'éclairer les sommets. C'est un sérieux retour à l'ancien principe d'égalité. Seulement, l'esprit de secte en trouble momentanément l'application.

Rappelons au public les leçons du passé. Le public est le mieux à même d'en goûter le mérite. Le public, au dire de Domat, « sent et juge presque toujours mieux que ne « sentent et ne jugent ceux qui veulent s'en distinguer. »

Cette étude, faite surtout au point de vue organique et social, donnera à Saint-Flour une idée juste de son passé. Et comme la justesse des idées contribue à la justice des actes, le rapprochement du passé et du présent lui montrera mieux la conduite à tenir.

Aussi, en détachant d'un travail plus étendu sur les archives de Saint-Flour les principaux faits de sa vie intellectuelle, ai-je cru faire chose utile.

Puisse ce premier essai, dont je lui fais respectueusement hommage, justifier ma croyance.

Saint-Flour, le 16 octobre 1881.

GAILLARD.

L'INSTRUCTION PUBLIQUE A SAINT-FLOUR

I

(de 1249 à l'an XI)

De tout temps Saint-Flour a spécialement favorisé le développement de l'instruction publique.

Les archives communales permettent de saisir l'esprit de ce développement, à partir de 1249. Cet esprit, profondément égalitaire, se traduit, dans la vie privée ou publique, par des actes de transaction ou de *composition*, « *sine strepitu judicum seu figura,* » sans débats judiciaires, voire la figure ; par des contrats de mariage, des permutations, des testaments, etc. La composition était, du reste, un des traits caractéristiques des mœurs anciennes. Les partages se font entre les enfants par égales parts, « *œquis partibus inter eos.* » Même en cas de substitution, le testateur qui n'a pas d'enfants, et qui institue presque toujours sa femme héritière générale et universelle, dit qu'après la mort de celle-ci les biens iront à ses neveux, toujours *œquis partibus inter eos.* »

Le droit coutumier était tellement dans les mœurs que les contrats des XIIIe et XIVe siècles, qu'ils soient passés entre laïques et ecclésiastiques, ou entre ecclésiastiques seulement, finissent généralement ainsi : « *Dicte partes renuntiaverunt omni juri civili et canonico.* » Lesdites parties ont renoncé à tout droit civil et canonique. Et pourquoi ? pour s'en tenir aux conventions des parties, conventions réglées « selon les us et coutumes de la première terre ou du lieu, » *de more et consuetudine prime terre sive loci.* La coutume inspirait et dominait tous les contrats.

Cela prouve une chose, c'est que l'enseignement local donné depuis l'an mil par les Bénédictins du prieuré de Saint-Flour, était essentiellement imbu de l'esprit arvernien (1). Cet esprit égalitaire, à la fois celtique et franc, surtout celtique, comme le prouve surabondamment la langue vulgaire ou *patois,* constituait le génie du lieu, *genius loci.*

Pendant la seconde moitié du XIVᵉ siècle, l'instruction publique a laissé des traces plus apparentes, et qu'on peut appeler administratives. La guerre de Cent-Ans n'a pas fait perdre de vue aux San-Florains les besoins du cœur et de l'intelligence.

Du haut de son rocher basaltique, Saint-Flour veillait à la fois aux choses de l'instruction et aux choses de la guerre. Ses archives nous le montrent guerroyant, inventoriant ses titres, encourageant les études supérieures, allouant des secours à de pauvres clercs pour aller à l'université de Toulouse ou à celle de Paris, recevoir le *magisteri.*

____

(1) Le prieur de Saint-Flour exerçait une double juridiction ecclésiastique et laïque. Au XIIIᵉ siècle, car encore il n'y avait pas de notaires royaux, il recevait les actes par lui-même ou par ses juges. Prieurs et juges se conformaient à la coutume locale.

Le 17 octobre 1390, Etienne Guitard reçoit un écu
« per so quo sen enava a lestudy, et que la garda de la
viala agues en sa recommandacion. »

L'année d'après, le 11 septembre, Pierre de Marveughol
reçoit six francs « per so quar sen enava a Paris estudiar, et
per fayre se maistre en theologia. »

Pareils secours figurent çà et là, les années suivantes,
dans les comptes des consuls, ces comptes précieux que le
Dictionnaire statistique et historique du Cantal, article
Saint-Flour, dit avoir « péri dans le sacrilège auto-da-fé
qu'alluma la tempête révolutionnaire. »

L'on envoie, à travers les siècles, un souvenir de recon-
naissance aux consuls de Saint-Flour, quand on les voit,
en juin 1387, porter un égal soin à la défense de la ville
et à la conservation de ses archives. La même toile qui servit
à faire une bannière à la tour des Coqs, (1) à l'effet de
signaler de quel côté pourraient venir les Anglais, servit
aussi à faire sept sacs pour serrer très-méthodiquement, et
par ordre alphabétique, comme le constate un inventaire de
l'époque, les titres de la ville dans l'arche du Consulat :

« Doas alnas et megha de tela per far sacz per metro las
« letras el coffre, et per far banoyra a la tor dels Agials per
« far signo de qual part venrant los Engles, corasque veniant ;
« et per la faysso et fial de VII sacz, per tot, monta VI solz. »

____

(1) La tour des coqs subsiste en partie. Elle est au couchant du
jardin du Collège, en face le château d'eau. De jeunes frênes surgissent
du milieu de ses ruines. Au pied de la tour, dans le jardin, se tenait
autrefois « *la gallinario* » marché aux poules.

Ville et titres ont été conservés. Saint-Flour n'est plus clef de royaume du côté du duché d'Aquitaine, *clavis regni a parte ducatus Aquitanie,* mais il est, grâce à ses archives, aux annales consulaires surtout, une des clefs de notre histoire économique et sociale. J'en donnerai la preuve dans une étude à part.

D'après ses archives, si justement appelées « trésor de « ville, » et que nous avons peine aujourd'hui à défendre de la pluie, Saint-Flour bornait l'enseignement à l'instruction primaire et au *trivium.* Le *trivium* comprenait la grammaire, la rhétorique, la dialectique. Impossible de fixer une ligne de démarcation entre l'enseignement primaire et l'enseignement secondaire. Les comptes des consuls, les délibérations du *Jurat,* ou conseil de ville, englobent tout sous le nom générique de *Las escolas* (XIVe et XVe siècles).

Il y avait deux sortes d'écoles : les écoles communales et les écoles congréganistes.

Les écoles communales, placées sous la direction d'un régent, étaient données à bail pour 4 ou 5 ans. Le régent était nommé par le Jurat. Cette nomination était soumise à l'approbation de l'évêque. Si l'évêque refusait l'approbation, ce qui a eu lieu quelquefois, alors le régent ne pouvait se qualifier de *maître* ; il devait se contenter du titre de régent.

L'instruction était gratuite pour tous les élèves de la ville. Les élèves forains payaient une rétribution ordinairement fixée à un sou par mois. Il est bon de noter qu'un sou de 1376, par exemple, partie argent et partie cuivre, valait, comme pouvoir d'achat, près de trois francs d'aujourd'hui.

Les écoles congréganistes étaient sous la direction des prieurs des communautés religieuses. Les Dominicains à la

ville, les Franciscains au Pont (faubourg Sainte-Christine),
tenaient école. A l'église cathédrale, où enseignait le théolo-
gal, était, selon l'usage, attachée l'école sacerdotale.

Il y avait des leçons du soir, (1) des conférences publiques.
Les questions s'y traitaient par demandes et par réponses.
Quelquefois, le régent des écoles communales d'une part,
et le régent d'une des écoles congréganistes d'autre part,
soutenaient une question. Après la conférence, conférenciers et consuls trinquaient et buvaient.

Les documents ne disent rien de la nature des questions
traitées. C'était l'usage de donner aux conférenciers, à titre
d'encouragement et de rafraîchissement, un setier de vin
(16 litres). Les consuls n'y manquaient pas.

En ce qui touche, l'enseignement donné par les écoles
communales, les lettres de commission en font connaître la
nature : grammaire, rhétorique, logique ou philosophie, et
« autres facultés s'y rattachant. »

La rétribution des élèves forains, jointe au revenu de
quelques fondations, était la première source où s'alimen-
taient « les gayges » des régents. Parfois les comptes des
consuls mentionnent quelques subventions spéciales. Ainsi,
le 27 janvier 1409, les consuls payent à Guillaume Genre,
« maistre de las escolas del chant, per sa pension a luy,
« IV liouras. »

---

(1) Au moyen âge, les leçons du soir étaient communes. On les
appelait *l'esperies*. C'était quelque chose d'analogue à nos *cours
d'adultes*.

Indépendamment de ses écoles locales, Saint-Flour avait à Toulouse, auprès de l'Université, son petit collège. Ce collège, dont le dossier existe, et où figurent : testament du fondateur, inventaire, règlement d'administration intérieure, lettres diverses, écrites presque toutes en langue romane, bien qu'émanant de lettrés habitués à écrire en latin, fut fondé en novembre 1420 par Pierre Sulpin, évêque de Bazas. Pierre Sulpin, ancien franciscain, originaire de Saint-Flour, fonda ce collège, devenu plus tard le collège Saint-Nicolas, pour l'amour de Dieu et de la patrie d'Auvergne, *pro amore Dei et patrie Arvernie.* La fondation fut faite en faveur de six clercs pauvres et de deux prêtres de Saint-Flour, jaloux de se faire graduer.

Aurillac avait, à Paris, un collège semblable : le collège Fortet. La Basse-Auvergne avait aussi deux collèges à Paris : le collège Montaigu et le collège d'Autun. Monteil, dans son « histoire des Français des divers états, » fait s'échapper du collège de Montaigu « le Vieux écolier de Saint-Flour, » pour lui faire faire, au point de vue de la scolarité, le tour de France le plus curieux. C'est l'ancien type écolier peint à ravir.

Les campagnes avaient, elles aussi, leurs écoles. Aux environs de Saint-Flour, Neuvéglise, Chaliers, Ruines et autres lieux, avaient des écoles prospères. Il fallait bien qu'il en fût ainsi, puisque l'on trouve, vers la fin du XVe siècle, au commencement du XVIe, des plaintes des régents de Saint-Flour contre les régents des campagnes voisines, qui attiraient à eux les élèves de la ville. Mais l'on trouve aussi de fortes remontrances aux régents de Saint-Flour par les consuls et le Jurat. Les régents de Saint-Flour ne faisaient pas tout le nécessaire pour retenir leurs élèves.

Villes et campagnes rivalisaient de zèle en faveur de l'instruction. Et cette instruction ne restait pas lettre morte. Il faut voir comment était organisée la commune de Saint-Flour ; comment un *jury de comptabilité*, composé de 12 délégués du jurat et d'un égal nombre de députés des corporations, jugeait, chaque année, les comptes des consuls ; comment l'impôt était assis et perçu ; comment, à défaut de cadastre, un capital déterminé était assigné à chaque immeuble ; comment le capital foncier, réduit de moitié, relativement au capital mobilier, était encore dégrevé proportionnellement aux cens et rentes dont il était frappé ; comment ce dégrèvement proportionnel devenait pour le censier une augmentation de charge proportionnelle. Il faut voir comment la constitution, coutumière et écrite tout ensemble, revisée seulement de loin en loin (1367, 1493, 1561), maintenait l'équilibre entre la « commune haute et la commune basse, » ne laissant, en cas de conflit, ni à l'une ni à l'autre le soin de trancher le différend, mais appelant « les défenseurs du peuple, » préalablement élus à cette fin. Il faut voir combien nos pères étaient pratiques. Chaque année, les consuls juraient, entre autres choses, de *faire l'utile, d'éviter l'inutile*, et cela *breviter et de plano*, brièvement et à plain.

Si Saint-Flour, en récompense de plusieurs belles défenses contre les Anglais, de la reprise de plusieurs châteaux par eux occupés, fut, en 1372, honoré par la royauté d'une couronne murale ; si, en 1523, le Père des lettres, François Ier, le gratifia d'un bailliage royal immédiat, c'est-à-dire ressortissant directement au parlement, non-seulement pour rapprocher la justice des justiciables, mais encore pour encourager une ville où « demeurent et habitent plusieurs « bons scavantz, qualiffiez et litterez personnaiges, et fort « expérimentés au faict de la justice ; » si, comme chef de diocèse, comme chef d'Election, comme « capitalle du Hault-Auvergne, » Saint-Flour a, au temps des privilèges, obtenu quelques faveurs royales, c'est bien à sa conduite scolaire et militaire qu'il l'a dû.

Le XVIe siècle lui laisse, en passant, plusieurs belles fondations en faveur de son *cher Colliège*, nom nouveau, qui remplace, en 1566, celui de *Las escolas*.

C'est Antoine Montel, élu, qui lui lègue, en 1582, une somme de 6,000 livres, à la charge de nourrir et entretenir, jusqu'à l'âge de 20 ans, un élève pauvre.

C'est Annet de Fontanges, prieur de Saint-Michel et protonotaire, qui lui donne, en 1585, une rente annuelle de 1,000 livres, à la même condition.

C'est Marie de Berthon de Crillon, Ve de Brezons, dont le nom rappelle celui d'Amblard de Brezons, premier fondateur du prieuré de Saint-Flour, vers l'an mil, qui, en 1642, lui constitue un capital de 21,882 livres, sans compter 9,500 livres pour l'hôpital de Murat, auquel Saint-Flour payera une rente annuelle de 500 livres.

Rien d'étonnant si, à l'aide de ces dons, Saint-Flour pouvait assurer à ses enfants la gratuité de l'instruction.

Mais voici le revers de la médaille : l'instruction a déjà pris une direction presque exclusive. A mesure que l'ouvrier

est devenu artisan, l'artisan marchand, le marchand bourgeois, le bourgeois homme de justice et de finance, il s'est
insensiblement formé dans le tiers-état, tout comme dans
la noblesse, tout comme dans le clergé, un haut et un bas
corps. Le bas corps ou « quart-état » est relativement laissé
dans l'ignorance. Abandonnée à la seule initiative privée,
l'instruction primaire ne met presque plus l'élève pauvre à
même d'acquérir des grades universitaires. Avec le temps,
le bénéfice de la fondation Sulpin passe à l'évêché de Mire-
poix. En 1708, quand la ville veut rentrer dans son droit de
collation de huit places au collège Saint-Nicolas, elle acquiert
la pénible certitude que la prescription a recouvert ce droit
d'un voile séculaire.

D'un autre côté, la chicane a presque tout enveloppé dans
son réseau judiciaire. Partout des justices, partout des
procès, partout des expropriations. Racine a beau couvrir la
chicane de ridicule dans ses *Plaideurs*, le ridicule ne tue pas
les plaideurs. Le collège n'est pas plus exempt de procès que
l'hospice, que la commune. Ses fondations et les rentes
annuelles qui lui sont servies, donnent facilement prise à la
chicane. Dans son compte de 1633, le syndicat du collège
constate une dépense de 1,464 fr. en frais de procès, sur
une recette de 1875 fr. Le reliquat de 411 fr. devra, ajoute-t-
il, être employé « à la despense de la continuation des pour-
« suites des affaires du dict colleige, tant au grand conseil
qu'ailleurs. »

Cette situation déplorable amena la ville à renoncer aux
baux scolaires de 4 ou 5 ans. Elle entama des négociations
successives avec les Jésuites en 1606 ; avec les Oratoriens
en 1621 ; avec les Augustins de Toulouse en 1624. Il s'agis-

sait de tenir au moins quatre classes à perpétuité. Elle finit par traiter avec les Jésuites, le 31 décembre 1642.

Cinq classes à perpétuité, chacune avec son régent ; dotation de 3,000 fr. par an, assurée soit au moyen du revenu des fondations, soit au moyen des ressources communales ; gratuité d'enseignement ; administration intérieure du collège complètement abandonnée aux Jésuites : telles furent les principales clauses du traité.

L'enseignement classique redevient prospère. Le nombre des classes ne tarde pas à être élevé de 5 à 7, savoir : Cinquième, Quatrième, Troisième, Seconde, Rhétorique, Philosophie et Physique. En 1754, peut-être avant, la Théologie vient s'ajouter au cours classique. Par délibération du 2 avril 1754, la ville autorise, en effet, les Jésuites à percevoir, pendant dix ans, pour réparations à l'établissement, une rétribution annuelle de 24 sous par élève, de la Cinquième à la Rhétorique inclusivement, et de 40 sous par élève, de la Rhétorique à la *Théologie* inclusivement.

L'arrêt du Conseil d'Etat du 6 août 1761, étant venu interdire aux Jésuites l'enseignement public en France, la direction du Collège passa en d'autres mains.

Le nouveau personnel, choisi parmi le clergé séculier, fut aidé dans sa tâche par les lazaristes. Depuis 1674, les lazaristes dirigeaient le grand-séminaire, en remplacement d'une communauté de prêtres diocésains, laquelle communauté, après la sécularisation, en 1476, du monastère (chapitre cathédral), avait elle-même remplacé l'école sacerdotale attachée à l'église cathédrale.

Grâce au concours des lazaristes, la classe de théologie continua d'être professée au collège. C'était à peu près la même organisation qu'auparavant. Au lieu d'un recteur il y eut un *principal*. Seulement, comme la nouvelle organisation élevait la dépense annuelle de 3,500 fr. à 5,190 fr., les élèves de philosophie et ceux de théologie furent soumis à une rétribution annuelle de 10 fr. chacun. La gratuité resta acquise aux élèves des autres classes.

Tandis que la dotation de l'instruction secondaire est augmentée d'une somme annuelle de 1690 fr., l'instruction primaire n'aura-t-elle pas au moins un pécule quelconque ? Elle aura une promesse. Le 10 mars 1766, le conseil de ville lui ouvre un crédit de 200 fr. pour « un maître d'école primaire. » Mais l'argent reste en caisse, et pas d'argent, pas de maitre. Il en sera ainsi jusqu'à la Révolution.

Pendant la Révolution, c'est l'inverse. L'enseignement primaire exclut en quelque sorte l'enseignement secondaire. L'on veut régénérer la France par la régénération de l'enseignement primaire. Plusieurs citoyens, plusieurs citoyennes se font inscrire à la municipalité comme instituteurs, comme institutrices. Leur civisme est trouvé à la hauteur du jour : les écoles libres fonctionnent concurremment avec les écoles communales. Plus d'écoles congréganistes, partout la laïcité.

La municipalité, par arrêté du 6 messidor au 2, porte même de 5 à 12 le nombre des écoles primaires communales. Ce nombre est reconnu trop grand relativement au petit nombre des élèves. Nouvelle organisation. Le nombre des instituteurs et institutrices est réduit de 12 à 8, dont 3 à la ville et 2 au faubourg pour les garçons ;

2 à la ville et 1 au faubourg pour les filles.

Une nouvelle organisation, du 20 pluviose an IV, n'est pas plus heureuse.

Et pourquoi ? Parce que les parents ne voulaient pas du catéchisme républicain substitué au catéchisme diocésain. La croyance anti-religieuse des maîtres et maîtresses, croyance de parade plutôt que de fond, puisque la municipalité ouvrit une instruction contre deux institutrices qui avaient repris le catéchisme diocésain, était en opposition avec la croyance et les mœurs des familles. La rétribution scolaire était ensuite trop élevée. Cette rétribution (valeur de 1790) était de 4 francs par mois pour les garçons, de 2 francs par mois pour les filles. Toutefois, la gratuité était assurée aux filles et aux garçons, jusqu'au quart du nombre total des élèves. Mais de la gratuité, on en profitait à peine.

Les réorganisations suivantes, car il y en avait l'une sur l'autre, ne remédièrent pas au mal. . . . .

L'enseignement secondaire, complètement négligé depuis 93, reparaît avec l'*Ecole centrale*. Créée par décret du 18 germinal an III, mais ouverte seulement le 10 frimaire an VI, l'école centrale enseigne :

Dans la *première section*, le dessin, les langues anciennes, les langues vivantes, l'histoire naturelle ;

Dans la *deuxième section*, les mathématiques, la physique, la chimie expérimentale ;

Dans la *troisième section*, la grammaire générale, les belles-lettres, l'histoire, la législation.

Chaque élève pouvait se faire inscrire pour trois cours à la fois. Le prix de chaque inscription par cours et par mois était de 6 f. 50 c. (valeur représentative). Le bénéfice de la gratuité allait jusqu'au quart du nombre des élèves de chaque section.

Un conseil d'administration, indépendant de la municipalité, gérait, sous la surveillance du jury d'instruction, les affaires intérieures de l'école. Ce conseil était composé de trois membres élus par les professeurs (au nombre de neuf) et par le bibliothécaire. Il se renouvelait par tiers tous les trois mois.

Sans pouvoir préciser le nombre des élèves, il est permis de croire que ce nombre fut satisfaisant, puisque, le 6 floréal an VI, il y en eut assez pour former, sur la demande même des élèves, une compagnie supplémentaire à la garde nationale.

Mais l'école progressait lentement. Pour accélérer le progrès, l'administration supérieure, d'accord avec l'administration locale, annexa à l'école centrale l'école primaire communale, sous la dénomination d'*Ecole libre, en remplacement provisoire des écoles primaires supprimées.*

Que s'ensuivit-il ? D'un état du 11 messidor an VI, certifié par les instituteurs primaires, il résulte que, dans le courant du premier semestre, il y eut 62 entrées à l'école primaire annexée, et 26 sorties. Ainsi, du 21 novembre au commencement de juin, à l'époque précisément où les écoles primaires sont le plus fréquentées, le nombre des élèves se trouvait réduit à 36. La situation ne s'améliora pas.

Aussi fallut-il, après une expérience de 4 ans, distraire l'école primaire communale de l'école centrale, et redonner à celle-là la liberté d'action qu'entravait celle-ci. C'est pourquoi, le 15 fructidor an X, eut lieu une nouvelle réorganisation primaire.

Il fut établi une école à la ville avec deux instituteurs, une autre école au faubourg avec un seul instituteur. On donna aux instituteurs la faculté d'enseigner les *éléments du latin* aux élèves qui voudraient apprendre le latin.

La rétribution scolaire fut de 3 francs par mois à l'école de la ville, de 2 francs par mois à l'école du faubourg. A l'une et à l'autre école, le cinquième du nombre total des élèves fut admis gratuitement.

Cette organisation, confirmée par délibération du 1er pluviose an XI, laquelle délibération donna un adjoint à l'instituteur du faubourg, s'appliqua aux garçons seulement. L'enseignement des filles resta en l'état.

Peu après la réorganisation primaire du 15 fructidor an X, avait eu lieu le 23 brumaire an XI, la réorganisation ou plutôt la transformation de l'école centrale en école secondaire.

II

(de l'an XI à 1881)

L'école centrale, supprimée par arrêté des consuls du 24 vendémiaire an XI, était devenue collège. Comme cette réorganisation a été fondamentale, je crois devoir en faire connaître les bases :

1 proviseur général, au traitement de . .		1,200 fr.
1 professeur de physique,	id. .	1,000
1 id. de logique,	id. .	1,000
1 id. de rhétorique,	id. .	800
1 id. de latin,	id. .	700
2 autres professeurs de latin, (600 f. chacun).		1,200
1 professeur de dessin,	id. .	600

Total des frais du personnel enseignant. 6,500 fr.

C'était un retour à l'ancien système. Il y avait au collège, en l'an XIII, 143 élèves. Ce nombre s'est, plus tard, considérablement augmenté. Il est monté jusqu'à 400.

La rétribution fut uniformément fixée à 20 fr. par élève.

La gratuité s'étendait jusqu'à concurrence du cinquième du nombre total des élèves.

3

Depuis lors, l'administration du collège a eu un caractère essentiellement municipal. Le collège était redevenu collège communal. Ses anciennes dotations avaient disparu dans la confiscation générale des biens de main-morte. La ville pourvoyait seule à ses besoins. Mais maintenant l'Etat vient en aide à la ville.

Suivons, à partir de l'an XI, la marche séparée de l'enseignement primaire et de l'enseignement secondaire.

1° *Enseignement primaire.*

Sous l'Empire, comme aux XVIIe et XVIIIe siècles, l'enseignement primaire retombe dans l'oubli. Il fallait pourvoir à des besoius nouveaux nés du fait des guerres. Il fallait donner à l'hospice, où abondaient les blessés et les malades, une subvention annuelle de 5 à 6,000 francs, prise sur le produit de l'octroi. L'octroi avait été rétabli en l'an VIII. Il fallait, chaque année, doter une rosière (600 fr.) Il fallait, aussi concourir au traitement du préfet, etc. . . . . . . Bref, les idées du *Majorat* dominant celles du *Minorat*, l'instruction primaire avait été de nouveau abandonnée à l'initiative privée.

Sous la Restauration, l'idée « d'établir une école gratuite « pour les jeunes gens de la classe ouvrière et indigente, « dont la majeure partie jusqu'ici a été privée d'instruction « publique, » se fait jour dans une délibération du conseil municipal, en date du 15 mai 1819. Elle se réalise seulement, le 8 décembre 1823. Trois frères de la doctrine chrétienne, au traitement de 600 fr. chacun, sont chargés de donner gratuitement cette instruction aux enfants de la ville et du faubourg. D'importantes améliorations, sous le double rapport de l'enseignement et du local, ont lieu en 1829, en 1841.

L'enseignement primaire progresse sous la monarchie de Juillet. Le besoin d'une salle d'Asile, reconnu en 1843, est satisfait complétement en 1850. Saint-Flour ne marche pas par bonds : il va lentement pour aller plus sûrement.

En 1843, une école primaire supérieure laïque est annexée au collège. Elle est quelque temps assez prospère. Les commotions de 1848 et un enseignement moins bien dirigé produisent sur elle un fâcheux effet. La ville hésite encore. Mais déterminée par cette idée, qu'en transférant du collège à l'école primaire communale, une école qui lui coûte 1,700 fr. par an, et qui compte trop peu d'élèves, elle peut faire une économie de 1,100 fr., la ville effectue le transfert dont il s'agit. Un instituteur de plus, au traitement de 600 fr., est, à raison de ce transfert, donné à l'école primaire communale, par délibération du 18 août 1852.

L'école primaire communale, couronnée d'une école primaire supérieure, était toujours dirigée par les frères de la doctrine chrétienne. Toujours gratuité complète.

Le 13 août 1879, surgit la question du pensionnat des frères. Le conseil municipal, estimant que l'internat, composé presque exclusivement d'élèves forains, nuisait à l'external, composé seulement d'élèves de la ville ou de la banlieue, vote la suppression du pensionnat. Cette suppression, votée sans indemnité ou sans supplément de traitement, fait naître des difficultés en suite desquelles s'opère la scission. La ville établit une école primaire laïque, et les frères ouvrent, d'un autre côté, une école primaire libre.

Les frais du personnel, qui étaient, en traitement ou gratifications, de 4,125 fr. en 1879, se sont progressivement élevés, de 1879 à 1881, à la somme de 5,900 fr., en y comprenant celle de 800 fr. pour le traitement d'un nouvel instituteur adjoint à l'école de la ville.

Une chose à remarquer : lorsque, en 1762, le personnel congréganiste du collège fut remplacé par un personnel séculier, quoique ecclésiastique, il s'ensuivit une augmentation de frais analogue à celle résultant du remplacement des frères par des instituteurs laïques. Que l'on soit ecclésiastique ou laïque, il est évidemment impossible, quand on vit séculièrement, de vivre aussi économiquement que ceux qui vivent en communauté. Mais il n'est pas moins évident que la vie séculière est la règle sociale, et la vie de communauté l'exception.

En ce qui concerne l'instruction primaire des filles, la ville ne s'en est directement chargée qu'à partir de 1855. Le 9 juillet 1855, elle « institue les Dames du Couvent de Notre-
« Dame comme institutrices communales, et leur alloue un
« traitement de 400 francs annuellement. »

Le 16 novembre 1875, elle crée au village de Frayssinet, pour un groupe moyen de 25 élèves des deux sexes, une école mixte dirigée par une institutrice laïque.

Cinq ans après, le 21 novembre 1880, elle vote la création d'une seconde école mixte au village du Fayet, qui se trouve dans des conditions analogues de population et de distance. Cette seconde école, qui n'est pas encore en exercice, doit être également dirigée par une institutrice laïque.

La dépense annuelle inscrite au budget pour ces deux écoles, à raison de 710 fr. chacune, frais de local compris, s'élève à la somme de 1,420 francs.

En somme, la dépense totale relative à l'instruction primaire, urbaine ou rurale, en y comprenant les 1,900 francs payés annuellement à la supérieure des Sœurs de la Charité pour l'entretien de la salle d'Asile, en y comprenant aussi les frais divers de local, de matériel, de prix, etc...., s'élève à la somme annuelle de 10,690 francs.

C'est l'équivalent de la dépense annuelle spéciale à l'instruction secondaire, incombant à la commune, déduction faite du produit de la rétribution scolaire.

2° *Enseignement secondaire.*

A dater de la réorganisation de l'an XI jusqu'au mois d'octobre 1850, date de la séparation du petit séminaire d'avec le Collège, l'enseignement secondaire n'a pas sensiblement varié dans son organisation. Une chaire de grec fut créée en 1824.

La rétribution scolaire était de 30 francs par élève et par an, en 1805; de 35 fr. en 1815 ; de 40 fr. en 1844, pour les élèves de 7e, 6° et 5°, et de 50 fr. pour les élèves des classes supérieures.

Le produit annuel de la rétribution, déduction faite des 15 francs par élève, revenant à l'Université, était, en moyenne, de 5,500 fr. à 6,000 fr., et le total des dépenses de 11,000 fr. à 12,000 francs. Pendant les quatre dernières années de l'Empire, la dépense avait été réduite de 9,000 fr. à 3,000 fr. La nécessité des temps en fut la seule cause.

Il n'y avait plus de règle fixe de gratuité s'appliquant, comme au temps de l'Ecole centrale ou après, au cinquième ou au quart du nombre total des élèves ; mais il y avait des admissions gratuites. La gratuité bénéficiait ordinairement à une douzaine d'élèves originaires de la commune. La proportion était de quatre pour cent. Autrefois elle eût été de 15 pour cent au moins. Le nombre total des élèves était, en moyenne, de 300.

En 1850, la ville vota la gratuité absolue. Ce fut afin de mieux soutenir la concurrence faite au collège par le Petit-Séminaire tronsformé, cette même année, de pensionnat en établissement d'instruction libre. Elle éleva le chiffre de la dépense jusqu'à 14,081 francs (compte de 1851). Ce chiffre comprenait, il est vrai, les 1,700 fr. afférents aux deux maîtres de l'école primaire supérieure. Tant de sacrifices n'atteignirent pas cependant le but désiré. Après une expérience de deux ans, la rétribution scolaire fut rétablie en 1852, et l'école primaire supérieure transférée à l'école primaire communale.

Le rétablissement de la rétribution ne fit pas reculer les parents restés amis du collège. Le collège eut tout de même ses 72 disciples.

Sans être vigoureux, le collège vivait. Mais l'administration le voulait plus vivant. Le 10 août 1869, elle essaie de le transformer en collège *spécial.*

Deux seuls professeurs de latin, l'un pour les classes supérieures, l'autre pour les classes inférieures, doivent suffire au cours *classique.*

En revanche ; un professeur de physique, un professeur de littérature, d'histoire et de géographie ; un professeur de sciences appliquées ; un professeur de dessin ; un professeur de musique ; un professeur de gymnastique ; un professeur d'allemand, doivent, dans l'espace de trois ans, conduire au baccalauréat ès arts ou baccalauréat *spécial*.

Et puis, comme tronc portant et vivifiant les deux maîtresses branches dites *classique* et *spéciale*, se place un cours *primaire* qui embrasse toutes les matières indiquées par l'article 23 de la loi du 15 mars 1850, et l'article 16 de la loi du 10 avril 1867. Un instituteur, aidé d'un adjoint, fut chargé du cours primaire.

Pour contribuer à couvrir les frais du personnel, frais fixés à 12,600 francs, une somme de 1,200 fr., représentative du traitement de deux frères, fut distraite du budget de l'instruction primaire. Les frères, réduits de 7 à 5, ne devaient enseigner que les matières strictement nécessaires, sans extension de programme.

Le tronc fit monter peu de sève, et les maîtresses branches eurent peu de vie. Il fallut revenir peu à peu, par la voie « géminée », ou doublement des classes, au système antérieur. Toutefois la séparation entre l'enseignement classique et l'enseignement spécial fut conservée.

La gratuité resta acquise à celui-ci, et la rétribution resta le lot de celui-là.

*3° Observations communes à l'enseignement secondaire
et à l'enseignement primaire.*

En juin 1881, la double question d'organisation de l'enseignement secondaire et de l'enseignement primaire a dû être remise sur le tapis. Il s'agissait, en exécution du décret du 4 janvier 1881, de garantir pendant dix ans les traite-

ments du personnel du collège et de substituer un engagement décennal à l'engagement quinquennal existant.

Avant de voter l'engagement demandé, le conseil municipal s'est dit : La ville a toujours voulu le maintien de son
collège ; elle a fait, dans des circonstances moins favorables,
des sacrifices plus grands ; mais elle a vu ses écoles passer,
à leur détriment, par des épreuves expérimentales trop dou-
loureuses pour qu'il faille renouveler ces expériences et ces
douleurs ; nos mœurs et nos besoins locaux étant mixtes,
sans grandes spécialités industrielles et commerciales, il serait d'abord déplacé de donner à l'enseignement local une
direction industrielle ou commerciale.

Toutefois, à raison de sa position au centre d'un arrondissement essentiellement agricole, Saint-Flour doit maintenant surtout que tout se spécialise plus ou moins, que l'enseignement spécial prend généralement le pas sur l'enseignement classique, donner à l'instruction locale une direction
spécialement agricole. C'est en satisfaisant à des besoins
réels et étendus, que son collège deviendra prospère.

Donc, assurons pour dix ans, mais dans le sens indiqué,
la conservation de l'enseignement classique et de l'enseignement spécial.

Cette résolution une fois prise, venait l'examen d'une
importante question : le projet d'annexer au collège l'école
primaire communale. Outre que l'instruction primaire et
l'instruction secondaire ont chacune une direction propre,
une inspection propre, un budget propre, les dépenses de la
première étant *obligatoires*, et celles de la seconde *faculta-
tatives*, c'est-à-dire pouvant être modifiées, même supprimées après un temps déterminé, et qu'il faut bien se garder

de mêler et de confondre ce que la loi distingue et sépare ; outre cela, il ne fallait pas perdre de vue que l'annexion de l'école primaire à l'école centrale n'avait pas réussi, que l'annexion de l'école primaire supérieure au collège n'avait pas réussi non plus.

Si ces deux annexions ont échoué pour un nombre moyen de 60 élèves, réussirait-elle pour plus de 140 élèves appartenant à la section seule de la ville ? La direction, la surveillance ne seraient-elles pas plus difficiles ? Les soins d'un vaste pensionnat ne seraient-ils pas une entrave ? Le pensionnat des frères n'a-t-il pas été précisément supprimé sur le motif que l'instruction des enfants de la commune en souffrait ?

Pas d'annexion, du moins quant à présent, a unanimement dit le Conseil. Et la question a été ajournée.

Autre question : il y a présentement (10 juin 1881) 82 élèves au Collège : 39 au cours *classique* ; 24 au cours *spécial* ; 10 à la *classe préparatoire spéciale* ; et 9 à la *petite classe primaire*.

D'un autre côté, il y a, à l'école primaire communale, 187 élèves : 144 à l'école de la section de la ville ; 43 à l'école de la section du faubourg. La petite classe primaire de l'école de la ville compte 64 élèves, alors que la petite classe primaire du collège en compte seulement 9.

Ne serait-ce pas une amélioration évidente, maintenant surtout que, de part et d'autre, l'enseignement est laïque, de fondre la petite classe primaire du collège dans la classe préparatoire spéciale, et d'affecter le traitement du maître à celui d'un nouvel instituteur adjoint à l'école de la section de la ville ? Le directeur de l'école primaire communale pourrait ainsi dégager la petite classe de son trop plein, vu l'impossibilité d'organiser un enseignement mutuel sérieux entre des enfants de 6 à 8 ans, 9 ans au plus.

Et en outre, le directeur présentement obligé d'enseigner lui-même aussi longtemps que ses adjoints, pourrait, ayant plus de temps à lui, mieux préparer les élèves de la classe supérieure au certificat d'études, exercer sur les classes de la ville et du faubourg une surveillance plus efficace.

C'est d'autant plus nécessaire qu'en faisant, aussitôt que possible, du certificat d'études primaires la condition d'admission aux études secondaires, l'on est sûr d'élever peu à peu le niveau de l'instruction publique. Qui ne sait pas ou ne peut pas savoir les premiers éléments de la langue française, de notre histoire nationale, ne saurait légitimement prétendre à la connaissance du grec et des Grecs, du latin et des Latins, de l'allemand et des Allemands.

Le Conseil a été, sur cette question, comme sur la précédente d'un avis unanime. Il est donc résolu que la petite école primaire du collège sera fondue dans l'école préparatoire spéciale. Et un traitement de 800 fr. est voté pour un nouvel instituteur adjoint à l'école de la section de la ville.

Par suite de ces dispositions, sans amoindrir en rien les traitements des professeurs du collège, en vue, au contraire, de leur préparer insensiblement des élèves plus aptes à recevoir leurs leçons, le budget de l'instruction secondaire est arrêté, d'une part, pour le personnel enseignant, à la somme de. . . . . 11,100 fr.
et le budget de l'instruction primaire des garcons est arrêté d'autre part, y compris quelques améliorations de traitements, à la somme de . . . 5,900 fr.

La délibération prise n'a pas eu le bonheur de plaire en

haut lieu. M. le Ministre de l'Instruction publique veut subordonner l'approbation de l'engagement décennal, et partant l'allocation annuelle de l'Etat, s'élevant à 7,500 fr pour 1881, au maintien du budget collégial antérieur à la délibération du 14 juin 1881. Sans désapprouver la fusion de la petite école primaire avec l'école préparatoire spéciale, il n'admet pas que la ville cherche à réduire le budget du collège au moment où l'Etat s'impose de si grands sacrifices pour l'enseignement secondaire, M. le Ministre demande qu'une somme de 400 fr. soit affectée à la création d'un emploi de maître d'étude.

Par délibération du 16 août, confirmative de celle du 14 juin, le conseil municipal répond qu'un besoin impérieux a seul déterminé son vote ; que, dans le budget du collège, en dehors du cadre du personnel réglementaire, figure déjà, à titre éventuel, une somme de 400 francs pour un maître d'étude ; que le budget de l'instruction publique locale, loin d'avoir été diminué, a été augmenté ; qu'en un mot les divers intérêts ont été conciliés. La nouvelle délibération, comme la délibération confirmée, est prise à l'unanimité.

Depuis lors, et par suite du vote de l'engagement décennal, les professeurs de l'enseignement secondaire ont reçu de l'Etat l'augmentation de traitement subordonnée à cet engagement, chose que tout le conseil leur souhaitait de bien bon cœur.

Les besoins de l'enseignement secondaire sont donc relativement satisfaits. Ceux de l'enseignement primaire le sont bien moins. La petite division de l'école primaire de la ville compte à elle seule (15 novembre) 58 élèves. C'est trop d'élèves pour un seul maître. L'urgence de remédier à cet état de choses se fait toujours aussi vivement sentir.

Et cependant le remède se fait toujours attendre.

Et cependant la pensée municipale d'organiser un enseignement primaire indépendant de l'enseignement secondaire, de manière à faire aussitôt que possible du certificat d'études une condition d'admission à l'école secondaire, est parfaitement d'accord avec la pensée gouvernementale ; si bien que le Ministre de l'Instruction publique, dans son rapport du 29 octobre dernier sur l'enseignement primaire supérieur, a formellement dit : « Laissées à elles-mêmes, « ni les familles ni les communes n'ont commis la faute de « vouloir que l'établissement nouveau fût un collège dégé- « néré, au lieu d'être une école perfectionnée. »

Et cependant, en vue de cet établissement et en ce qui touche l'instituteur adjoint attendu, les familles et la commune de Saint-Flour en sont au point où en était sœur Anne : elles ne voient rien venir.

Alors, revenant une troisième fois à la charge, le conseil, par délibération du 15 novembre, toujours à l'unanimité, a demandé énergiquement l'exécution de sa délibération du 14 juin, délibération confirmée le 16 août. Le résultat ne saurait être douteux.

Pendant la dernière session de novembre, le conseil a eu aussi à s'occuper de l'enseignement primaire des filles, et des écoles de hameau.

Cette question complémentaire, qui n'a encore fait l'objet que d'une simple étude préparatoire, se résoudra prochainement. Le vote du Conseil paraît dès maintenant acquis aux résolutions suivantes :

1o Création d'une école primaire de filles dans le sens de la loi du 15 mars 1850 et de celle du 10 avril 1867. Cette école serait laïque. Sans aucune augmentation de charges, il y a possibilité, par une application bien entendue de la loi du 16 juin 1881, combinée avec celle du 1er juin 1878, de mettre les familles à même d'opter entre l'école laïque à créer et les écoles congréganistes existantes. Nous aurions ainsi une concurrence scolaire féconde. Pour moi, partisan bien convaincu de la liberté, et adversaire déclaré du monopole, soit laïque, soit congréganiste, je m'associe de tout cœur à la pensée du Conseil municipal. « Le monopole, a dit Sieyès, « décourage ceux qu'il écarte, et rend inhabiles ceux qu'il « favorise. » Le monopole fait même plus que décourager ceux qu'il écarte ; il les rend hostiles. Je préfère la rivalité à l'hostilité ;

2o Transformation des écoles mixtes de Frayssinet et du Fayet en écoles primaires communales, conformément au décret du 10 octobre 1881. Cette transformation aura pour effet de leur assurer, comme à ces dernières, une gratuité complète. Bien que l'école du Fayet, encore à la veille de son ouverture, ne se trouve pas dans les conditions légales voulues, cette école pourra, après un an de fonctionnement, profiter des mêmes avantages ;

3o Conservation de la Salle d'Asile dans les conditions actuelles. L'Asile fonctionne trop bien, à la satisfaction des familles et de tout le monde, pour que nos Sœurs de Charité, qui en ont, qui en ont toujours eu la direction, ne la conservent pas.

D'autant plus que, moyennant la somme de 1,900 fr. par an, elles font les frais de tout : local, personnel, matériel.

Que si vous me demandez comment la ville réalisera les améliorations dont il s'agit, sans augmenter les charges communales, je vous répondrai à première vue :

La dépense totale de l'instruction primaire est inscrite au budget pour. . . . . 10,690 fr.

Après prélèvement du produit des 4 centimes spéciaux et du cinquième des ressources déterminées par la loi du 16 juin 1881, elle n'y serait plus inscrite que pour . . . . 9,138 fr. l'Etat devant prendre à sa charge tout le surplus et tout surcroît de dépense,

Soit, au profit de la ville, un boni de. . . . 1,552 fr.

Mais comme ce boni, venu de l'instruction primaire, doit revenir à l'instruction primaire, en l'y faisant retourner par voie d'annuité payable pendant 30 ans à la Caisse des Ecoles, cela permettrait à la ville, à raison d'une annuité de 4 fr. par chaque cent francs empruntés (art. 13 de la loi du 3 juillet 1880 ; art. 14 de la loi de 2 août 1881), d'emprunter à cette caisse 38,700 francs passés. La somme de 38,700 fr., versée par l'Etat dans la caisse municipale, à titre d'*avance*, serait au moins suivie d'une égale somme à titre de *subvention* ou de don.

Et voilà par quels moyens la ville peut, sans aggravation de charges, construire maisons d'école et acquérir mobilier scolaire.

De plus, d'importants crédits spéciaux mis à la disposition du Ministre de l'Instruction publique permettent d'espérer mieux.

Le Conseil a fait preuve de sens pratique en se montrant unanimement disposé à entrer dans la voie indiquée, non pas précisément par les circulaires, que je trouve trop belles, mais par les lois y relatives.

Il est entré dans cette voie, et il y marchera, uni et modéré, avec le sentiment d'un devoir à remplir et d'un service à rendre.

Ainsi, l'alliance du passé et du présent s'offre comme le gage durable de notre avenir scolaire.

L'ancien Saint-Flour avait, au moins pour les garçons, ses écoles communales et ses écoles congréganistes. Le nouveau Saint-Flour les a pour les garçous, les aura pour les filles.

L'ancien Saint-Flour avait la concurrence scolaire et l'union dans la concurrence. Le nouveau Saint-Flour aura l'une et l'autre avec le temps et la patience.

L'ancien Saint-Flour favorisait également l'instruction primaire et l'instruction secondaire. Le nouveau Saint-Flour fait et fera de même.

L'ancien Saint-Flour, animé d'un grand sens pratique, traduisait son instruction en faits privés et publics dont la simplicité est aussi remarquable que l'utilité. Le nouveau Saint-Flour sera digne de l'ancien.

Passons à ce dernier point de vue.

4 Rapports de l'instruction publique avec la vie sociale.

CONCLUSION

S'instruire, c'est bien. Appliquer utilement son instruction aux besoins sociaux en même temps qu'à ses propres besoins, c'est encore mieux. Voyons rapidement comment, dans sa marche ascendante et descendante à travers les âges, l'instruction publique sanfloraine s'est traduite en faits sociaux.

Dans la *famille*, la femme, règle générale, a toujours été moins instruite que le mari. Il n'est pas rare de trouver des actes de la vie civile où des femmes appartenant à la classe bourgeoise ont déclaré ne savoir signer. Mais aussi quelle place honorable et respectée la femme ne tenait-elle pas de la tradition, des mœurs, du droit coutumier et du droit écrit. Le mode de tester, mode tellement constant, que beaucoup de testaments des XVIIIe et XIXe siècles ne sont pour ainsi dire que la traduction de bon nombre de testaments rédigés en latin, des XIVe et XVe siècles, assurait le maintien de l'égalité de partage tout en faisant de la femme la reine du foyer domestique.

Instituée héritière générale et universelle, souvent même sans exécuteur testamentaire, la mère trouvait en ses enfants bien plus de soumission et de respect qu'aujourd'hui. Ceux-ci, institués simples héritiers particuliers par leur père, et réduits à un égal mais faible legs, payable seulement à leur majorité (25 ans), étaient forclos du surplus de l'héritage paternel. Ou ils continuaient à vivre avec leur mère, ou ils se livraient de bonne heure à un travail indépendant, jusqu'au jour où, après le décès de la mère, ils se partageaient sa succession.

La mère, comme le père, traitait généralement ses enfants sur le pied de l'égalité. Quelques préférences étaient cependant acquises assez souvent à l'aîné ou à la plus jeune des filles. Les filles à marier étaient presque toujours mieux traitées que les filles déjà mariées.

Dans la *corporation* (1), famille conventionnelle qui tenait le milieu entre la famille naturelle et la famille communale, c'était un mélange traditionnel d'égalité civile et d'égalité politique, où le rôle administratif et représentatif appartenait à deux *bayles* ou *syndics* élus chaque année, et choisis, l'un, l'*ancien*, parmi les membres du conseil ordinaire de la corporation ; l'autre, le *moderne*, en dehors du conseil d'administration, dans la généralité des sociétaires. Cette *dualité* résumait les tendances conservatrices et les tendances réformatrices de chaque corporation : c'était le vase à deux anses dont parle Montaigne.

La noblesse, le clergé avaient une organisation analogue. Partout le syndicat était renouvelable annuellement. Partout l'esprit de tradition uni à l'esprit d'innovation.

Bien que le clergé, la noblesse, le tiers, formassent trois ordres différents, et que les députés des corporations, unis à un égal nombre de sénateurs, jugeassent les comptes des consuls, en dehors des représentants des deux premiers ordres, cependant, lorsqu'il s'agissait d'imposition extraordinaire, soit directe, soit indirecte, car l'on trouve, dès 1294, des traces d'octroi municipal, les députés de tous les ordres étaient, ainsi que les chefs de famille, convoqués, au son de la trompette, au Conseil général de la commune. Les consuls présidaient ce conseil, aussi bien que le conseil de ville ordinaire. C'était le peuple souverain.

---

(1) La corporation sanfloraine avait sa personnalité civile. La justice lui accordait le bénéfice des sentences sommaires. Les actes extra-judiciaires concernant la corporation étaient exempts de timbre. Les corporations de Saint-Flour étaient des corporations *ouvertes*.

Dans la *commune*, même base d'organisation que dans la corporation. Le *jurat*, ou commune haute, sénat viager composé des anciens consuls sortis de charge et ayant rendu leurs comptes, correspondait au conseil administratif de chaque corporation, conseil formé des anciens bayles ou syndics. C'était une aristocratie élective.

Le *députat*, ou commune basse, représentait les six grands corps des arts et métiers. Le députat était relativement au jurat, ce que, dans chaque corporation, les chefs de métiers étaient relativement au Conseil corporatif : c'était une représentation du contrôle démocratique.

Comme chacun des six grands corps de métiers élisait deux députés, ce qui donnait 12 députés, les sénateurs dont le nombre variait de 30 à 40, déléguaient, de leur côté, 12 d'entre eux pour la formation du jury annuel de comptabilité. C'est devant ce jury souverain, composé de 24 membres, que les consuls sortants rendaient leurs comptes aux consuls entrants.

Et au cas où le jury se serait divisé en deux camps opposés d'égale force, d'un côté les députés, de l'autre côté les sénateurs, alors, mais seulement alors, devaient intervenir les défenseurs du peuple pour trancher le différend. Les défenseurs du peuple étaient les souverains juges.

S'il entrait dans mon sujet de suivre l'organisation communale dans la prévôté entre communes ; dans le haut pays d'Auvergne entre prévôtés ; dans l'Auvergne entre haute et basse Auvergne, quelle facile réfutation à l'encontre de ceux qui prétendent, notamment Guizot, que les communes n'ont su vivre que d'une vie isolée, sans lien fédératif, social et politique.

Quant au pouvoir exécutif, il était, soit dans la commune, soit dans la corporation, le produit de l'élection agissant de haut en bas, dans des conditions déterminées. Ainsi, de même que le conseil ordinaire de la corporation élisait ses deux syndics annuels, en en prenant un dans son sein et l'autre en dehors, de même le conseil ordinaire de la commune, ou le jurat, élisait ses trois consuls annuels, en en prenant un dans son sein, et les deux autres en dehors, dans la généralité des citoyens. Le consul pris dans le jurat était le premier en dignité. Il s'appelait consul *Mage*. C'était l'Ancien, *Antiquus*. Les deux consuls pris dans la généralité des habitants, étaient les Modernes, *Moderni*. Le premier devait avoir l'assentiment préalable d'un au moins des deux autres. Leur responsabilité était solidaire.

Ainsi, les anciens san-florains, pour réduire leur administration et leur gouvernement à l'unité d'action, passaient de l'universalité à la dualité, de la dualité à l'unité. L'unité se personnifiait dans le Consul Mage.

L'inverse avait lieu dans l'exercice du pouvoir contrôlant. L'élection et l'action s'exerçaient de bas en haut. Les conseils généraux ramenaient à eux les conseils ordinaires, qui ramenaient à eux leurs bayles et leurs consuls, qui ramenaient à eux le premier consul.

Si de l'instruction publique appliquée à l'administration et au gouvernement, l'on passe à l'instruction professionnelle, l'on constate encore une sorte de dualité économique au service de l'unité laborieuse.

Le même ouvrier exerçait le métier de maçon ou le métier de charpentier, à volonté. Il n'était pas seulement ouvrier industriel, il était aussi ouvrier agricole. Chaque année, en juillet et août, à l'époque des grands travaux de la campagne, les ouvriers san-florains quittaient la ville pour la campagne, où les attirait un salaire plus rémunérateur. Le même ouvrier, à la fois maçon et charpentier, était encore à la fois faucheur et moissonneur.

Etait-il pour cela moins habile ? Regardez ce qui reste de ses travaux, des maisons et des remparts bâtis par lui. Lisez les documents ; l'ouvrier san-florain savait fabriquer ses armes, sa poudre, tout comme ses souliers, ses vêtements. Il savait travailler l'or et l'argent en émail. Sa marque de fabrique, un S avec une fleur de lis, a fait, au moyen âge, l'objet de lettres patentes qui donnent une idée générale du luxe d'alors. Ce luxe était grand.

L'activité locale, appliquée surtout à la tisseranderie, la tannerie, la cordonnerie, la parcheminerie, la ganterie, la coutellerie, la teinturerie, alimentait un commerce important. Les principaux débouchés de ce commerce étaient le Puy, Clermont, Lyon, surtout Lyon. Les transports se faisaient à dos de mulets, par caravanes. En temps de trouble ou de guerre, des coureurs, presque organisés en service postal, avertissaient les caravanes. Les caravanes se dispersaient alors dans les villages.

« La drapadura de la mayson de San-Flor, » qui consistait dans la fabrication de trois espèces de draps communs, le *blanc*, le *saur* (1) le *bru* (2) ou *sarrazi*, jouissait autrefois de

____

(1) D'où le nom de la rue de *Saurel*, puis *Sorel*.

(2) D'où le nom de la rue de *Bruel*, puis *Breul* ou *Breuil*.

la réputation dont jouit aujourd'hui la fabrication de nos limousines. La marchandise n'était pas de haut prix, mais elle était bonne et de grand débit.

Le commerce était en honneur. Madame Blaud vendait du drap pendant que le docteur Blaud faisait de la médecine. Un inventaire de 1348 nous montre et les belles ceintures de soie, à boutons et agrafes d'argent, dont se paraît le docteur ; et l'épée et la guisarme dont il s'armait pour défendre sa ville, car tout homme valide était soldat (1) de 18 à 40 ans ; et ses quatre livres de médecine ; et les pièces de drap de diverses provenances, que vendait madame Blaud ; et la superbe couronne frettée d'argent avec des perles et des pierres dorées, *coronam freylissam argenti cum perlis et lapidibus auratis,* qu'elle portait le jour de ses noces ; et

(1) L'instruction militaire n'était pas moins donnée en vue de l'attaque qu'en vue de la défense. Lorsque Duguesclin, le 22 juin 1380, entreprit le siège de Chaliers, il ne manqua pas de recommander à la milice sanfloraine, qui lui fournit un contingent de 500 hommes, de faire suivre ses canons, ses engins de siège (balistes) ; ce qui fut fait. Le château se rendit par composition.

L'on trouve même trace des jeux de tir entre les arbalétriers de Saint-Flour et ceux de Murat. Le 12 juin 1433, « Fos donat als bales-« tiers de la vila, quant foront vengut de jugar a la balesta amb los « balestiers de Murat, et agront gazanhada (eurent gagné) la joya ; per « so dos sestiers de vin (16 litres par setier) agutz de Jatme Calvat, « per lo qual vin fos payat, a XIV deniers lo pichier (2 litres), XVIII « solz VIII deniers. »

Les villes et leurs milices ne vivaient pas dans cet isolement dont nos historiens ont semblé vouloir faire une règle générale.

la belle bourse de velours vert, *de veluto viridi*, dans laquelle le commerce et la science médicale serraient leurs *agnels* et leurs *moutons d'or*, leurs *florins* et leurs *écus de Toulouse*.

Au commencement du XIVe siècle, Saint-Flour était aussi populeux que riche. D'après les rôles de 1314, sa population, banlieue comprise, était de plus de 7,500 habitants. Ce chiffre n'a jamais plus été atteint.

Les personnes se mêlaient comme les professions. Et cependant professions et personnes étaient groupées, syndiquées, hiérarchisées, de manière à former un tout et uni et fort. Seulement la patrie se bornait à la province.

La comptabilité accusée par les annales consulaires, où recettes et dépenses figurent en détail, exprimées en langue vulgaire, se termine à la fin de chaque année financière, à Pâques, par un procès-verbal authentique rédigé en latin. Ce procès-verbal, où se résument les opérations du jury de comptabilité, prouve que les articles de la constitution communale n'étaient pas chose vaine.

La balance des comptes y est régulièrement faite. Les diverses espèces de monnaie y sont réduites en livres tournois. L'unité et la précision s'y donnent la main.

Le budget normal de la ville était de 2,000 livres, dont une moitié au compte de la taille, et l'autre moitié au compte de l'octroi. Les 2,000 livres d'alors valaient au moins autant, sinon plus, que les 65,000 francs qui font aujourd'hui le montant des ressources budgétaires ordinaires de Saint-Flour.

Grâce aux annales consulaires et au rapprochement des

données sanfloraines avec des données éparses puisées ailleurs, je pourrai, sans trop tarder, établir, à dater de 1375, le rapport du prix du travail avec le prix des principaux objets de consommation. Nous verrons les variations de ce rapport mathématiquement constatées, tantôt favorables au salaire, à mesure que les terres, transformées en emphytéoses perpétuelles, se divisent et se morcellent, tantôt défavorables, à mesure que les petits ténements, sous la double action de la cupidité et de la chicane, se concentrent aux mains des hommes d'affaires, de loi et de finance. Les legs pieux, les fondations pour obits, en se multipliant, concouraient aussi à la concentration terrienne. Nous verrons comment la Révolution, par l'égalité civile avec le retour à la division du sol, a rouvert à la production et au salaire la voie du progrès.

Les XIVe et XVe siècles sont très-favorables au salaire et à la vente des produits ruraux.

La première moitié du XVIe siècle l'est moins. Il y a baisse d'un bon quart.

La seconde moitié du même siècle, à cause surtout des guerres de religion, accuse une grande souffrance économique et sociale. Très-forte baisse du salaire : les trois quarts.

Les XVIIe et XVIIIe siècles sont les siècles du monopole, de la royauté absolue. Sous le régime du monopole, pendant que la haute France et toute l'Europe s'extasient devant les grandeurs et les merveilles de Versailles, la basse France, la France laborieuse ne gagne que la moitié de ce qu'elle gagnait au moyen âge. Les guerres privées étaient économiquement moins désastreuses que les guerres nationales avec accompagnement de procès civils.

Pendant la Révolution, c'est le comble de la souffrance. Le *maximum*, établi dans de bonnes intentions, devient le *minimum* du bien-être général.

Mais une fois le retour du morcellement assuré à la terre par l'égalité civile nouvelle, le taux du salaire s'élève de nouveau peu à peu. Ce taux, qui est aujourd'hui de 3 fr. en moyenne et qui correspond juste au prix moyen d'un double décalitre de blé seigle pour les 25 années antérieures à 1881, ne s'élève pourtant pas encore à la hauteur du taux des XIVe et XVe siècles.

Le salaire moyen étant, à Saint-Flour, de 3 fr. par jour, nourriture non comprise, vous pouvez avoir une idée assez exacte de la variation du taux du salaire à travers les âges, en faisant du chiffre 3 une sorte de type, et en disant :

Pendant la Révolution, c'était à peine 1 ;

Pendant les XVIIe et XVIIIe siècles, à part quelques bonnes années au commencement du XVIIe siècle, c'était 2 ;

Pendant les guerres de religion, c'était 1 ;

Pendant la première moitié du XVIe siècle, c'était 3 ;

Pendant les XIVe et XVe siècles, c'était 4.

Ainsi donc, au point de vue économique, comme au point de vue politique et social, nous revenons non pas à la forme, mais au principe, mais aux conséquences des institutions démocratiques du moyen âge. (1)

____

(1) En 1860, le Congrès de statistique, tenu à Londres, n'a pas seulement posé la question de savoir comment les divers pays arriveraient à relever avec exactitude, et *d'après des règles et des procédés iden-*

Et, chose on ne peut plus digne de remarque, la législation, l'instruction publique, le taux du salaire, la tenure de
la terre, ont passé en même temps par les mêmes épreuves,
dans cette voie du progrès, tantôt montante, tantôt descendante, dont le terme est l'affranchissement de l'homme par
le travail, et la paix par l'équité.

tiques, les salaires des ouvriers actuels ; il a encore demandé des re-
cherches à partir de l'an 1400 jusqu'à nos jours. Cette dernière demande a fait dire à M. Maurice Block, dans son traité de statistique :
« Le congrès, chargé de dresser des cadres, était complètement sorti
du sien. »

Les archives de Saint-Flour m'ont cependant permis de remonter un
quart de siècle plus haut. Pour preuve, voici, au double point de vue
du salaire et du prix des principaux objets de subsistance, un rapprochement entre les 25 dernières années du XIVe siècle, et un même
nombre d'années du XIXe siècle, postérieurement à 1855.

Prenant le prix du blé seigle, céréale dominante dans le pays, pour
terme de comparaison, j'ai dit : Puisque, depuis plus de 25 ans, le prix
moyen du double décalitre seigle est de 3 fr., et qu'à ce prix correspond
le prix du travail journalier, dans les proportions suivantes :

<pre>
        1 journée d'ouvrier (non nourri) . . . . 3 f. » c.
        1   id.   de manœuvre id.   . . . 2 15
        1   id.   de femme   id.   . . . 1 50
</pre>

Il n'y a qu'à déterminer le rapport de l'ancien prix du blé seigle avec
le prix actuel. Ce rapport devient aussitôt une base sûre d'opération.

Quel a été pendant le dernier quart du XIVe siècle, le prix moyen du
carton de seigle ? — 20 deniers.

Quelle était la contenance du carton relativement à notre décalitre ?
— 16 litres 75 centilitres.

L'ancien carton, ramené à la contenance du nouveau, eût donc coûté
23 deniers 88/100, ou, nombre rond, 24 deniers.

Donc 24 deniers d'alors, ou 2 sols (partie argent et partie cuivre),
avaient autant de pouvoir d'achat que 3 fr. d'aujourd'hui.

Sous le règne de l'équité et de la solidarité, quand les San-florains partent pour le siège d'un château voisin, leurs annales ne disent pas : Tel capitaine a conduit tel nombre d'hommes à tel siège ; elles disent (21 septembre 1382) : « La comuna partit et anet al seti de Moniuzen, » la commune partit et alla au siège de Montsuc. Sous ce règne, les lois, les contrats, les baux emphytéotiques et autres, sont favorables au morcellement du sol et aux emphytéotes. Cette situation profite aussi aux ouvriers, aux artisans, aux marchands. L'aisance est générale.

Donc un sou du dernier quart du XIVe siècle était aussi puissant que 30 sous d'aujourd'hui.

Donc, en multipliant par 30, l'ancien prix du travail journalier, j'ai aussitôt son rapport avec le prix du travail actuel.

L'opération conduit à ce résultat :

1 journée d'ouvrier (non nourri), 38 deniers ou.. . . . . 4 f. 75 c.
1 id. de manœuvre id. 18 deniers ou.. . . . . 2 45
1 id. de femme id. 10 deniers ou.. . . . . 1 25

D'où l'on voit, par le rapprochement du prix du travail journalier au XIXe siècle, et du prix du travail journalier au XIVe siècle :

1° Que l'ouvrier et le manœuvre du XIVe siècle gagnaient davantage ;

2° Que la femme gagnait moins ;

3° Que le salaire du manœuvre, relativement à celui de l'ouvrier, a haussé, tandis que celui-ci a baissé.

D'où encore, comme résultante, cette loi économique :

Les salaires se nivellent.

Au point de vue de la consommation, 1 livre de viande, qui coûtait 4 deniers ou 10 sous d'aujourd'hui (4 deniers multipliés par 30 égalent 120 deniers ; 120 deniers divisés par 12 deniers égalent 10 sous), coûte maintenant 14 sous

Quand, au contraire, sous le règne du privilège et du monopole, « le bon plaisir » de l'intendant, du ministre, du roi, fait partout loi, alors la législation, l'instruction, favorisent les grands, surtout les amis du pouvoir. Alors les petits, les simples travailleurs, perdent, intellectuellement et matériellement, ce que gagnent les grands et les favoris. Le malaise est général.

La ville de Saint-Flour, dont la situation financière était si prospère autrefois, voit, de 1618 à 1673, sa dette s'élever de 2,985 livres à 113,161 livres. En 1733, elle devait encore 37,880 livres.

1 livre de *forma* (forme), au prix de 48 sous les 100 livres, poids de marc, qui coûtait 5 deniers 76/100 ou 14 sous 4/10 d'aujourd'hui, coûte maintenant 14 sous en gros, 16 sous en détail ;

1 litre de vin, qui coûtait 5 deniers ou 12 sous 1/2 d'aujourd'hui, coûte maintenant 12 sous.

Quant au prix du pain passé de seigle, identité de rapport : L'ancien prix moyen était de 1 denier la livre ; le nouveau prix moyen est de 0^f,125^m, juste l'équivalent de 1 denier.

L'avantage est, en somme, au XIVe siècle.

Mais si, grâce au développement progressif de l'instruction, devant laquelle la chicane et les procès reculent chaque jour davantage, devant laquelle les théoriciens et les politiciens perdent de plus en plus de leur influence, l'on voulait formuler en loi la résultante de ces faits sociaux et politiques, l'on pourrait dire : Les théoriciens baissent, les praticiens montent.

Partout, au point de vue social comme au point de vue économique, tendance générale à l'égalité.

Courage, travailleurs ; la voie de l'avenir s'ouvre devant vous, moins difficile et plus large.

Les autres villes se trouvaient dans une situation analogue.
Pour l'époque c'étaient de fortes dettes. — Aujourd'hui
Saint-Flour peut au moins dire :

« Mon verre n'est pas grand, mais je bois dans mon verre. »

Les archives de Saint-Flour, doublement pénétrées de
l'esprit méridional et de l'esprit septentrional, du droit écrit
et du droit coutumier, auxquelles les autres villes de l'Auvergne, ainsi que bon nombre des villes du sud-est, de l'est,
du nord, ont, à l'époque du travail préparatoire des cahiers
de 89, fait de précieuses communications ; les archives de
Saint-Flour, dis-je, prouvent mathématiquement que, dans
la triple vie communale, provinciale, nationale, toutes les
bonnes choses faites se résument dans cette pensée fondamentale et capitale de Pascal :

« La multitude qui ne se réduit pas à l'unité est confusion ;
« l'unité qui ne dépend pas de la multitude est tyrannie. »

Donc, pour n'avoir ni confusion ni tyrannie, pour arriver,
par une même pensée dirigeante, à la communion des
36,000 communes de France, ce n'est ni le monopole et la
centralisation à outrance, ni l'autonomie communale avec
une décentralisation exagérée, qu'il faut poursuivre ; c'est
à l'imitation de la nature qu'il faut recourir, laquelle donne
toujours au chêne un double courant de sève ascendante et
de sève descendante, laquelle sillonne l'Océan Pacifique lui-
même d'un courant d'orient en occident, et d'un contre-cou-
rant d'occident en orient, laquelle, toujours soumise à la loi
providentielle qui veille à la conservation des mondes, fait
précisément de deux forces opposées, la force centripète et

la force centrifuge, la condition même de cette conservation.

C'est pourquoi, nous, Auvergnats tenaces, descendants d'Auvergnats plus tenaces, qui possédaient à un plus haut degré cette qualité maîtresse dont parle Augustin Thierry : « savoir nettement ce qu'on veut, et nourrir en soi des volontés longues et persévérantes, » nous avons à refaire ce que nos pères ont fait, en nous inspirant de leur vigoureux esprit d'équité et de solidarité. Nous n'avons plus à dire : ôte-toi de là, que je m'y mette ; nous avons à dire comme eux : mettons-nous y tous.

Il nous faut enfin savoir faire nationalement ce qu'ils ont su faire communalement et provincialement.

Oui, laïques et congréganistes, politiciens et praticiens, mettons-nous y tous. Par une meilleure *statique* économique au service d'une meilleure *statistique* sociale et politique, sachons reprendre l'ancienne marche ascendante. L'ancienne marche a été plus civile que sociale et politique, plus philosophique qu'économique. La marche nouvelle doit être plus économique que philosophique, plus sociale et politique que civile. Ainsi s'établira l'équilibre de nos forces nationales.

Pour concourir à l'équilibre national, commençons par l'équilibre local. Eh bien, que voulons-nous ?

Nous voulons que notre enseignement local s'organise solidement en s'élevant du simple au composé, du primaire au secondaire, laissant à chaque ordre d'enseignement son indépendance relative.

Nous voulons qu'une concurrence féconde stimule le zèle des maîtres et des élèves, et que le directeur de l'école primaire puisse envoyer au directeur de l'école secondaire, en les faisant passer par la passerelle appelée *certificat d'études*, des élèves suffisamment aptes à recevoir l'enseignement classique ou l'enseignement spécial.

Nous voulons que l'enseignement spécial soit dirigé dans un sens plus particulièrement agricole, afin de le mettre mieux en harmonie avec les besoins de l'arrondissement.

Nous voulons, contents d'une gratuité en rapport avec nos modestes ressources, qu'au-dessus de l'instruction primaire gratuite, l'instruction secondaire soit soumise à la rétribution pour le cours *spécial*, comme elle l'est pour le cours *classique*. Mais, par contre, nous voulons que, dans l'un et dans l'autre cours, la gratuité soit acquise, dans une sage proportion, aux élèves pauvres dont un examen public aura constaté le travail, le talent, le mérite. Ainsi faisait l'école centrale, ainsi le voulait la réorganisation scolaire de l'an XI.

Nous voulons, pour animer notre corps enseignant, qu'un *Nôtre Père*, chrétiennement appris, pénètre le cœur de nos enfants. Un *notre* père prépare l'enfant à dire un jour : *notre* commune et non pas *ma* commune, *notre* pays et non pas *mon* pays. Un peu plus d'équité, un peu moins de cupidité ; pardonner pour être pardonné : voilà ce qu'enseigne le *Pater*. Montaigne se faisait gloire de le réciter. Un apprenti philosophe, un politicien en espérance, ne déroge pas en imitant Montaigne.

Nous voulons enfin, sans faire la poignée plus grande que le poing, la brassée plus grande que le bras, prendre simplement notre part proportionnelle de la tâche commune.

Quant aux impatients, aux sectaires, nous leur dirons en notre patois, avec le judicieux Veyre :

« Surcorguén pas lou carri, aoutromén tout s'offaïsso ;
« Ol miet del grond comi pétariacn los embaïsso. »

Et si, pour terminer, ils veulent quelque chose d'autrement encourageant, quelque chose qui ne s'affaisse pas au milieu du grand chemin, gardant toutefois, à titre d'exception, l'esprit de secte pour quelques-uns d'entre eux, nous ajouterons :

Les sectaires passent, mais le peuple reste, et la démocratie française poursuit toujours son œuvre.

NOTES

Page 10. — Pour échapper à l'arrêt du Parlement du 6 août 1761, dont le roi avait, par lettres patentes, suspendu provisoirement l'effet, les Jésuites du Collège de Saint-Flour, au nombre de 12, signèrent, le 27 février 1762, et firent enregistrer, le 12 mars suivant, à l'officialité de Saint-Flour, une déclaration en 4 articles, par laquelle ils reconnaissaient :

1° Que la puissance royale ne dépend, pour le temporel, d'aucune puissance qui soit sur la terre ;

2° Que les 4 propositions de l'église gallicane sont et seront enseignées dans leur collège ;

3° Que l'évêque a autorité sur eux comme sur les autres réguliers ;

4° Que tout ordre de leur général, contraire à la présente déclaration, sera par eux regardé comme illégitime et nul de plein droit.

Mais cette déclaration n'était pas spéciale à Saint-Flour ; c'était la simple reproduction d'une déclaration connue d'avance entre la royauté et la société de Jésus.

Lorsqu'il s'agit de donner une sanction à cette déclaration, par la publication d'un édit qui aurait soumis les collèges des Jésuites à l'inspection des Parlements, alors le général des Jésuites, Ricci, fit la réponse si connue :

« *Sint ut sunt, aut non sint,* « qu'ils soient comme ils sont, ou qu'ils ne soient pas.

Ils ne furent pas.

—Page 26. — L'école primaire de la section de la ville vient d'être pourvue tout récemment de l'instituteur adjoint demandé.

— Page 27. — L'école mixte du Fayet vient d'être également pourvue d'une institutrice.

Peu à peu l'organisation scolaire se complète.